TITLE   ISSUE   DATE   PENCILER   INKER

PUBLISHER &
PUBLICATION
INFORMATION   LOGO AREA

ESPACIO PARA LAS DEDICATORIAS

*NO, NO NOS HEMOS
EQUIVOCADO... ¡ESTÁN LAS
GUÍAS A PROPÓSITO!
ESTO ES UN CÓMIC!*

BAR CODE AREA

© del texto: DJ Nano
© del guion: Rafael Jiménez
© de las ilustraciones: Beatriz Gutiérrez
Dinámica y rotulación: El Torres

Primera edición: noviembre de 2024

Diseño de cubierta: Beatriz Gutiérrez

© Editorial Planeta, S. A., 2024
Av. Diagonal, 662-664, 08034 Barcelona (España)
Libros Cúpula es marca registrada
por Editorial Planeta, S. A.
www.planetadelibros.com

ISBN: 978-84-480-4176-2
D. L: B. 9.922-2024

Impresor: Macrolibros

PEFC Certificat

Aquest llibre procedeix de boscos gestionats de forma sostenible

PEFC/14-38-00305   www.pefc.es

DJ NANO

TOKYO MADNESS!

LA MÚSICA...

LA MÚSICA NO ES *SOLO* MI PROFESIÓN.

ES MI *VIDA.*

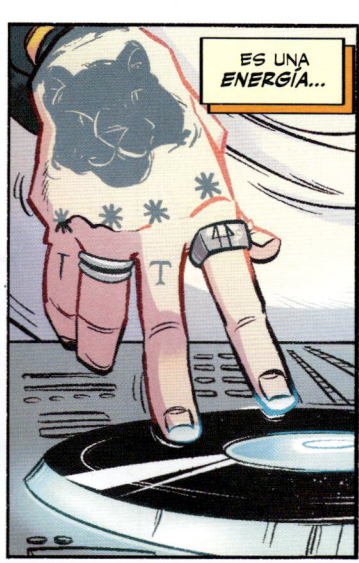

ES UNA *ENERGÍA...*

...ALGO *PODEROSO* QUE RECORRE LOS CABLES ELÉCTRICOS DEL EQUIPO PARA SALIR AL MUNDO ENTERO.

LA NECESITO PARA VIVIR.

TODO *CAMBIA* DELANTE DE LA *MESA.*

PUEDES SENTIR ESA *FUERZA.*

COMO SI ALLÍ PUDIERA HACER CUALQUIER COSA.

LAS *LUCES* DEL ESCENARIO ME *TRANSFORMAN* COMO LA LUNA A UN HOMBRE LOBO.

ME LLAMAN **DJ NANO.**

¡QUE VIVA EL AMOR! ¡VIVA LA MÚSICA!

Y SOBRE TODO... ¡QUE VIVA LA MADRE QUE OS PARIÓ!

LLEVO MÁS DE VEINTE AÑOS PISANDO LOS ESCENARIOS.

CADA NOCHE, UN PÚBLICO DISTINTO, UN LUGAR DIFERENTE.

Y AL MISMO TIEMPO, EL **MISMO.** COMO SI FUÉSEMOS **VIEJOS AMIGOS** QUE NOS VEMOS TODAS LAS NOCHES.

Y YO LO DOY TODO POR MIS AMIGOS.

OJALÁ PUDIERA DECIRLES A TODOS, UNO A UNO, LO QUE SIENTO TRAS LA MESA. HABLARLES DE LA ENERGÍA, DE LA MAGIA...

PERO YA QUE NO PUEDO HACERLO CON PALABRAS, DEJO QUE HABLE LA **MÚSICA.**

TENGO EL **MEJOR** TRABAJO DEL MUNDO.

PERO NINGÚN FUEGO PUEDE ARDER PARA SIEMPRE.

ME *MUERO.*

SÍ, HA SIDO GENIAL, PERO UN SHOW MÁS ASÍ Y ME TENDRÉIS QUE RECOGER DEL SUELO.

¿PERO QUÉ DICES, NANO? ¿AHORA QUE ESTÁ TODO PREPARADO PARA EL VIAJE A *JAPÓN?*

¡NO INVITAN A *CUALQUIERA* A UNA *GIRA* ALLÍ!

YA, *CHIQUI,* PERO ESTÁ SIENDO UN POCO AGOTADOR...

PERO PARA ESO ESTOY YO, QUERIDO. ¡*SELVA*, LA TOUR MANAGER MÁS *GENIAL* DE TODO EL NEGOCIO!

MENOS MAL QUE SE LO DICE ELLA.

MUY GRACIOSO... ESTE ES *COTI,* EL FOTÓGRAFO ENVIADO POR LA ORGANIZACIÓN. ¡ESTÁN COMO *LOCOS* ALLÍ POR TI EN JAPÓN, NANO!

¿HA IDO BIEN LA VENTA DE ENTRADAS?

¿BIEN? ¡HAN *VOLADO!*

HAY UN NUEVO *BOOM* DEL GÉNERO. ¡LOS FANS LO QUIEREN SABER *TODO* DE TI! CUÁNDO LLEGAS, QUÉ COMES, QUÉ LEES...

Y AHÍ ENTRO *YO.*

¿TIENES MUCHO *INTERÉS* POR FOTOGRAFIARME EL INTERIOR DE LA OREJA?

SI ESO VENDE, *SÍ.*

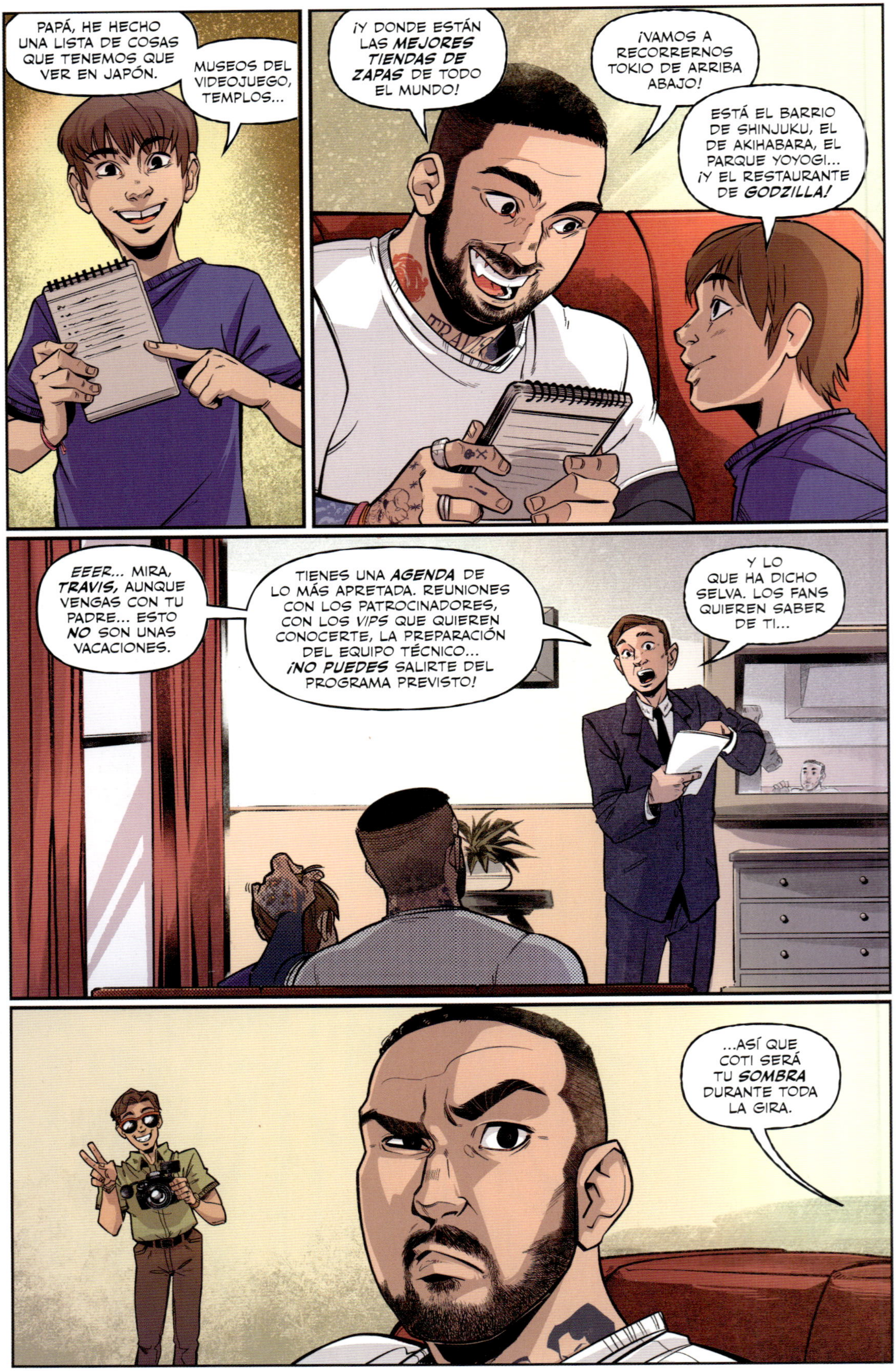

PAPÁ, HE HECHO UNA LISTA DE COSAS QUE TENEMOS QUE VER EN JAPÓN.

MUSEOS DEL VIDEOJUEGO, TEMPLOS...

¡Y DONDE ESTÁN LAS *MEJORES TIENDAS DE ZAPAS* DE TODO EL MUNDO!

¡VAMOS A RECORRERNOS TOKIO DE ARRIBA ABAJO!

ESTÁ EL BARRIO DE SHINJUKU, EL DE AKIHABARA, EL PARQUE YOYOGI... ¡Y EL RESTAURANTE DE *GODZILLA!*

EEER... MIRA, *TRAVIS*, AUNQUE VENGAS CON TU PADRE... ESTO *NO* SON UNAS VACACIONES.

TIENES UNA *AGENDA* DE LO MÁS APRETADA. REUNIONES CON LOS PATROCINADORES, CON LOS *VIPS* QUE QUIEREN CONOCERTE, LA PREPARACIÓN DEL EQUIPO TÉCNICO... ¡NO *PUEDES* SALIRTE DEL PROGRAMA PREVISTO!

Y LO QUE HA DICHO SELVA. LOS FANS QUIEREN SABER DE TI...

...ASÍ QUE COTI SERÁ TU *SOMBRA* DURANTE TODA LA GIRA.

"¡NO PONGAS ESA CARA, HOMBRE!

"AUNQUE TENGAS UNA AGENDA ASÍ DE APRETADA, EN *TOKIO*...

"... ¡PUEDE PASAR *CUALQUIER* COSA!"

BZZNNNNNN

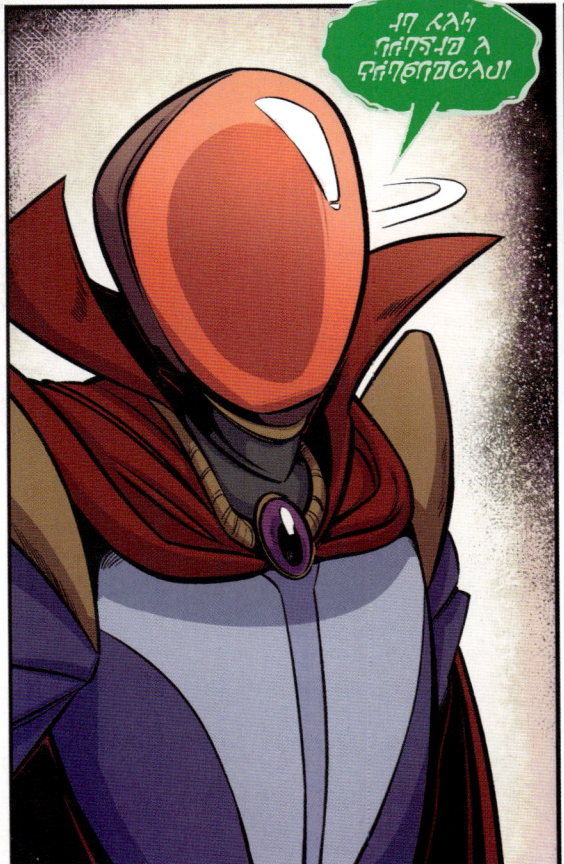

BZAAANGG

LO DE LOS PASTELES Y JAPÓN ES DE LOCOS.

¿CUÁNTOS TIPOS DE *TARTAS DE QUESO* TIENEN EN ESTE LUGAR?

¡UN MONTÓN! ¡PERO LAS PIENSO PROBAR TODAS!

NO TE VAYAS A EMPACHAR, TRAVIS. AÚN NOS QUEDA MUCHO TOKIO QUE VER.

¿NO HABÍAMOS QUEDADO AQUÍ CON UNA TAL *DJ YUKIO?* ¿ESTÁS SEGURO DE QUE ESTE ES EL LUGAR?

¿QUÉ ASPECTO TIENE? ¿ES FAMOSA? ¿POR QUÉ NO TENGO INFO SOBRE ELLA? ¡ME VAS A HACER QUEDAR MAL, COTI!

¡A MÍ NO ME MIRES! ¿QUIÉN DIABLOS SABRÁ QUIÉN ES ESA *DJ YUKIO?*

LA PREGUNTA CORRECTA SERÍA... "¿QUIÉN DIABLOS SABRÁ QUIÉN ES ESE DJ NANO?"

¿EH? ¿QUIÉN HABLA ESPAÑOL?

PORQUE EN JAPÓN TODO EL MUNDO CONOCE A *DJ YUKIO.*

LO SÉ BIEN PORQUE *YO* SOY DJ YUKIO.

LA HE CAGADO, ¿VERDAD?

TOTALMENTE.

NO OS PREOCUPÉIS, NO PODÍA ESPERAR OTRA COSA DE UNOS *GAIJIN*.

BASTANTE ES YA QUE BAJE MI CACHÉ COMPARTIENDO EL ESCENARIO CON... *CONTIGO*.

¿Y ESA *MODESTIA*, YUKIO-SAN?

¿MODESTIA?

LA MODESTIA ES SOLO UN ESTORBO PARA LAS GRANDES ESTRELLAS.

NO SÉ POR QUÉ LOS PROMOTORES HAN PEDIDO QUE TENGAMOS TÚ Y YO...

ESCUCHA, YUKIO. NO QUIERO QUE EMPECEMOS CON MAL PIE...

...PERO HE VISTO "ESTRELLAS" COMO TÚ ESTRELLARSE MÁS VECES DE LAS QUE...

PAPÁ... SÉ QUE ESTAMOS EN JAPÓN Y QUE PUEDE PASAR CUALQUIER COSA Y TAL...

PERO... ¿ESO DE AHÍ ES *NORMAL?*

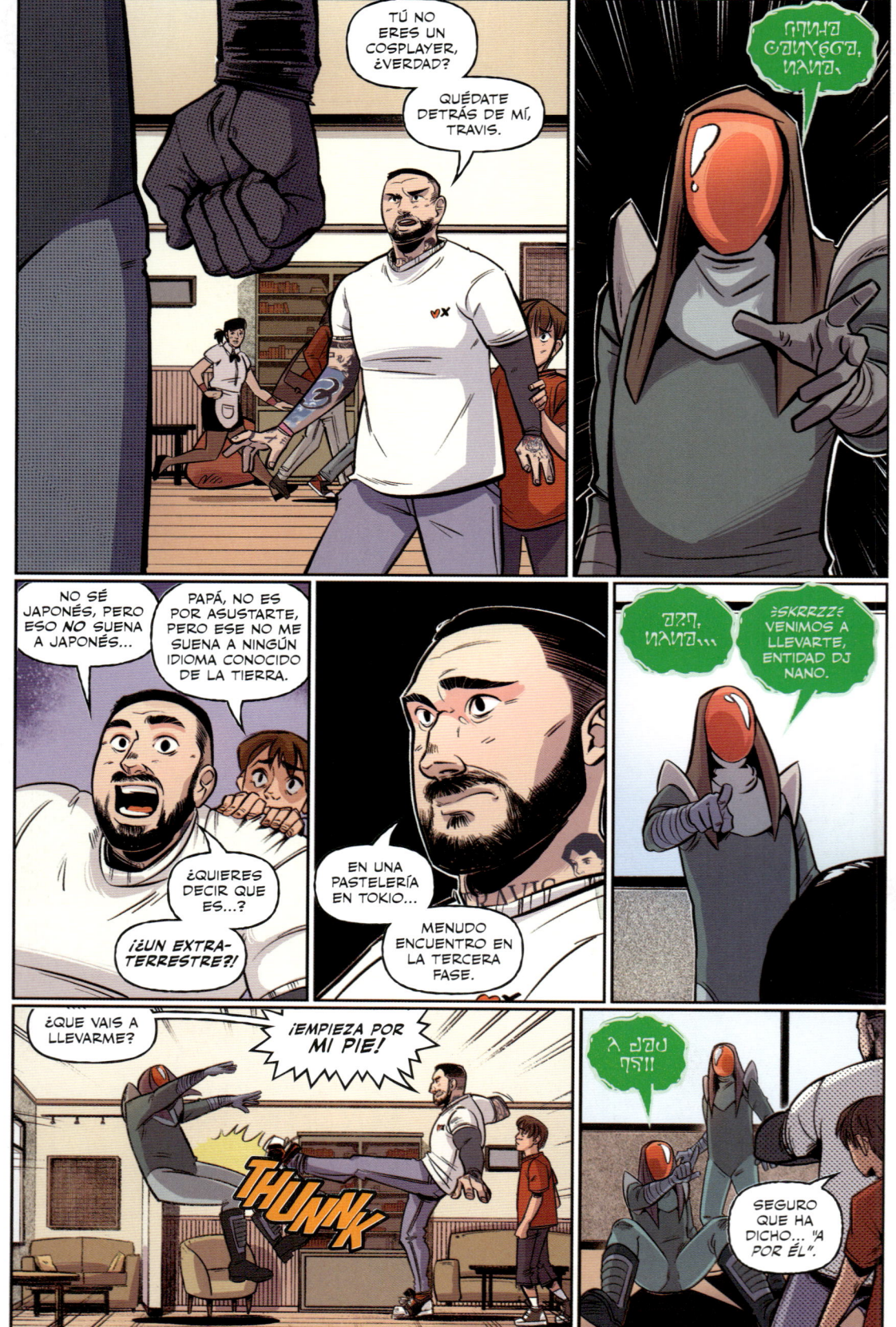

THWAPP

¿ATACANDO A UNOS *INDEFENSOS* PADRE E HIJO?

¡NO TENÉIS HONOR!

¡EH! ¡QUE NO ESTAMOS *TAN* INDEFENSOS!

¿BROMEAS? TE HE VISTO MOVERTE.

BUENO, MIRA. YA ESTÁ BIEN. OS HE SEGUIDO EL ROLLO POR SI ERA UNA *CÁMARA OCULTA* Y ESO, QUE SÉ QUE A LOS JAPONESES OS MOLA BASTANTE.

PERO ES HORA YA DE QUE...

¡GAIJIN IDIOTA!

¡NO HABÍA NADA PREPARADO! ¡ESTO ESTÁ SUCEDIENDO *DE VERDAD*!

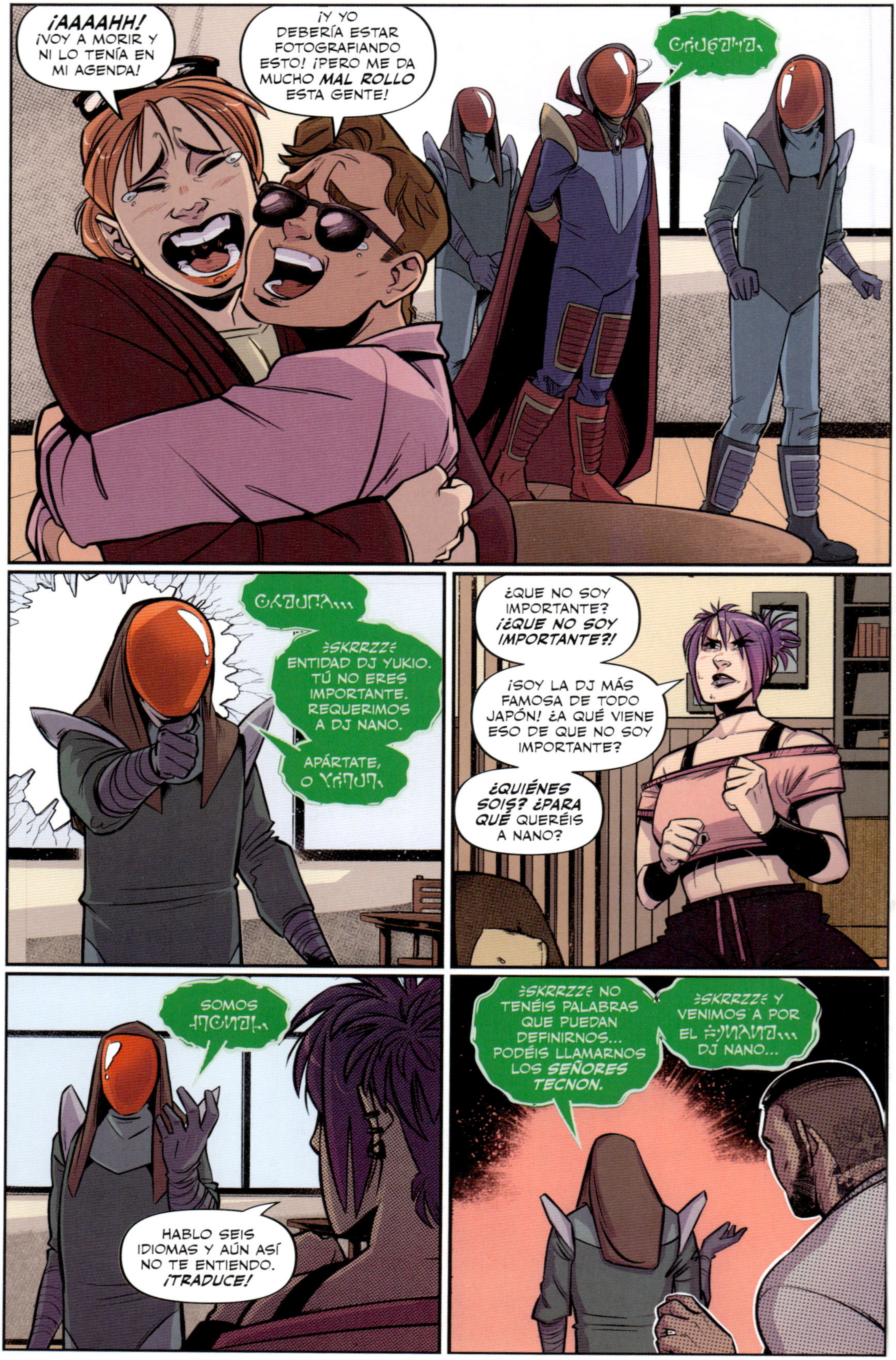

¡AAAAHH! ¡VOY A MORIR Y NI LO TENÍA EN MI AGENDA!

¡Y YO DEBERÍA ESTAR FOTOGRAFIANDO ESTO! ¡PERO ME DA MUCHO MAL ROLLO ESTA GENTE!

GRUGAMA.

¿SKRRZZ¿ ENTIDAD DJ YUKIO. TÚ NO ERES IMPORTANTE. REQUERIMOS A DJ NANO.

APÁRTATE, O YAYUN.

¿QUE NO SOY IMPORTANTE? ¡¿QUE NO SOY IMPORTANTE?!

¡SOY LA DJ MÁS FAMOSA DE TODO JAPÓN! ¿A QUÉ VIENE ESO DE QUE NO SOY IMPORTANTE?

¿QUIÉNES SOIS? ¿PARA QUÉ QUERÉIS A NANO?

SOMOS TIGNAL.

HABLO SEIS IDIOMAS Y AÚN ASÍ NO TE ENTIENDO. ¡TRADUCE!

¿SKRRZZ¿ NO TENÉIS PALABRAS QUE PUEDAN DEFINIRNOS... PODÉIS LLAMARNOS LOS SEÑORES TECNON.

¿SKRRZZ¿ Y VENIMOS A POR EL HYNANA... DJ NANO...

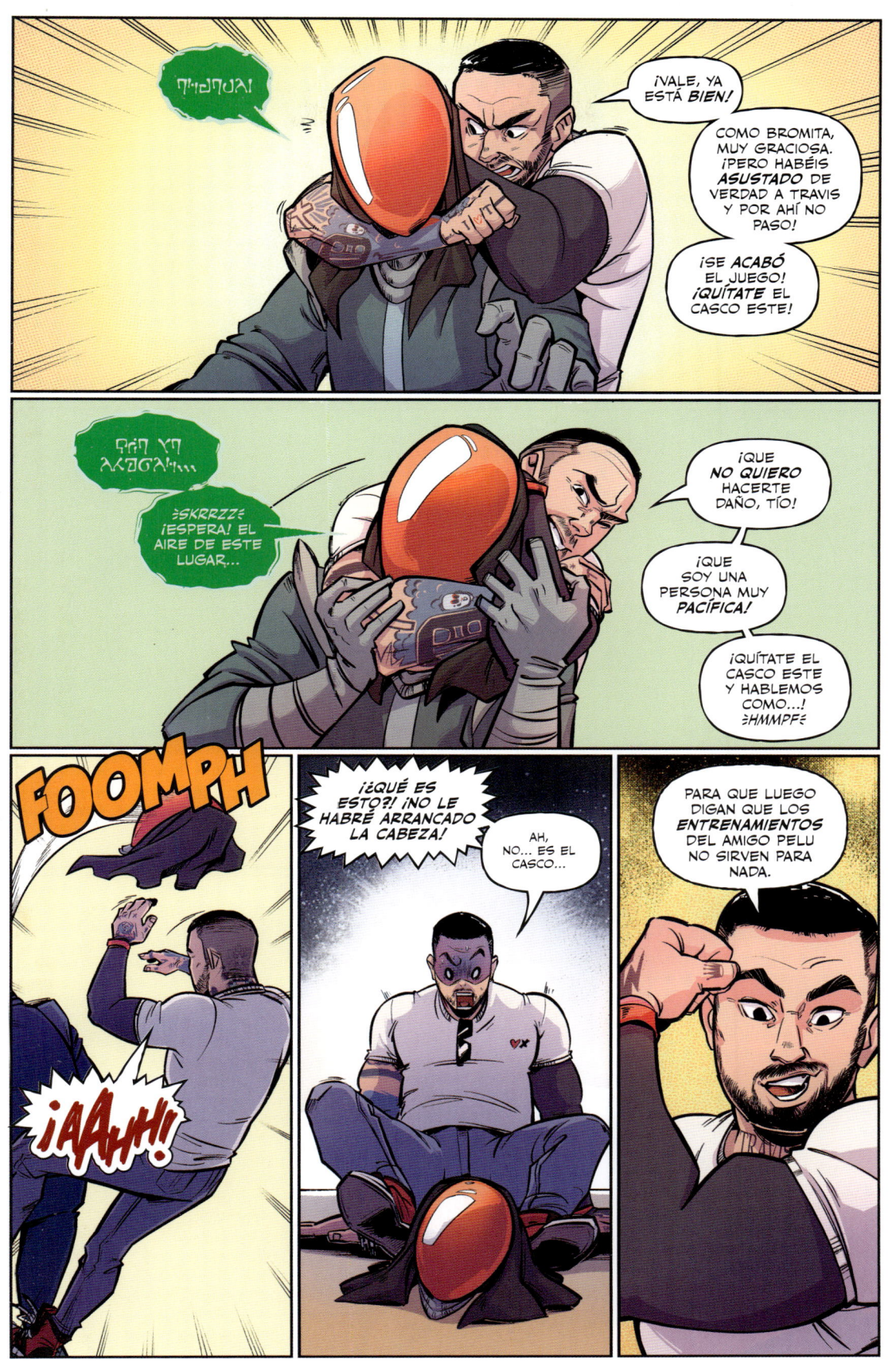

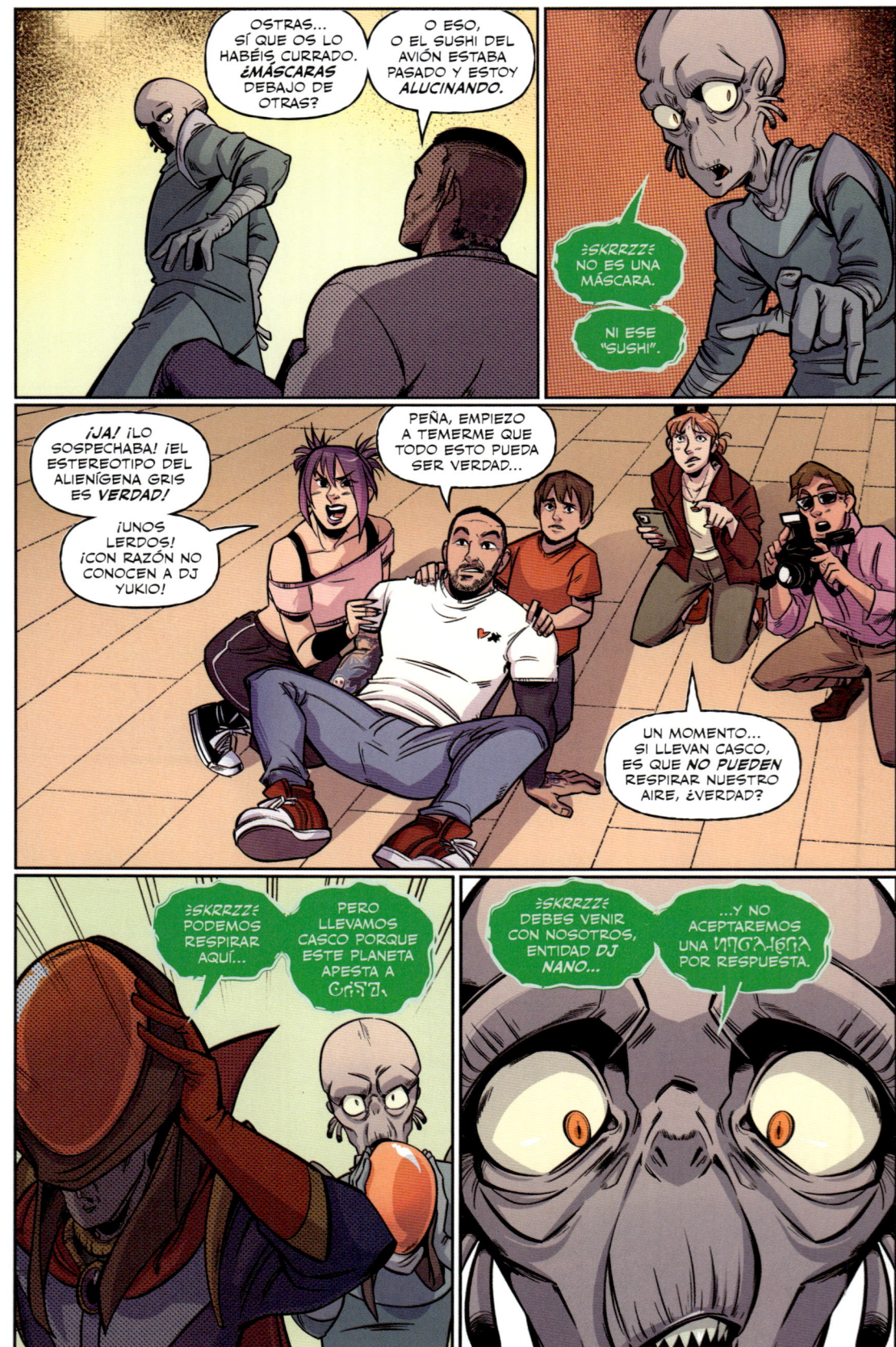

AHORA QUE NUESTROS *TRADUCTORES* UNIVERSALES VAN MEJOR...

... TE PIDO *ATENCIÓN*, DJ NANO.

LA TIENES.

"VENIMOS DEL PLANETA QUE LLAMÁIS *KEPLER-442B*, SITUADO A 1193,6344 AÑOS LUZ DE LA TIERRA.

"NO VOY A ABRUMARTE SOBRE LA *RELATIVIDAD* DEL TIEMPO Y LOS SALTOPLIEGUES DEL ESPACIO...

"... SOLO DECIRTE QUE ALLÍ *NACIMOS*...

"... UNA ESPECIE BÍPEDA INTELIGENTE, COMO VOSOTROS.

"SOLO QUE NOSOTROS...

THUM

"... EVOLUCIONAMOS DE MANERA DISTINTA.

THUM TIK THOM

"NUESTRA CIVILIZACIÓN, NUESTRO SER, SE BASÓ EN EL *RITMO*, EN LA PERCUSIÓN, LA MELODÍA, LA ARMONÍA... ¡EN LA *MÚSICA!*"

THUM TIK THOM BAM BAM BAM BAM BAM BAM

"NOS HICIMOS LLAMAR *LOS TECNON*."

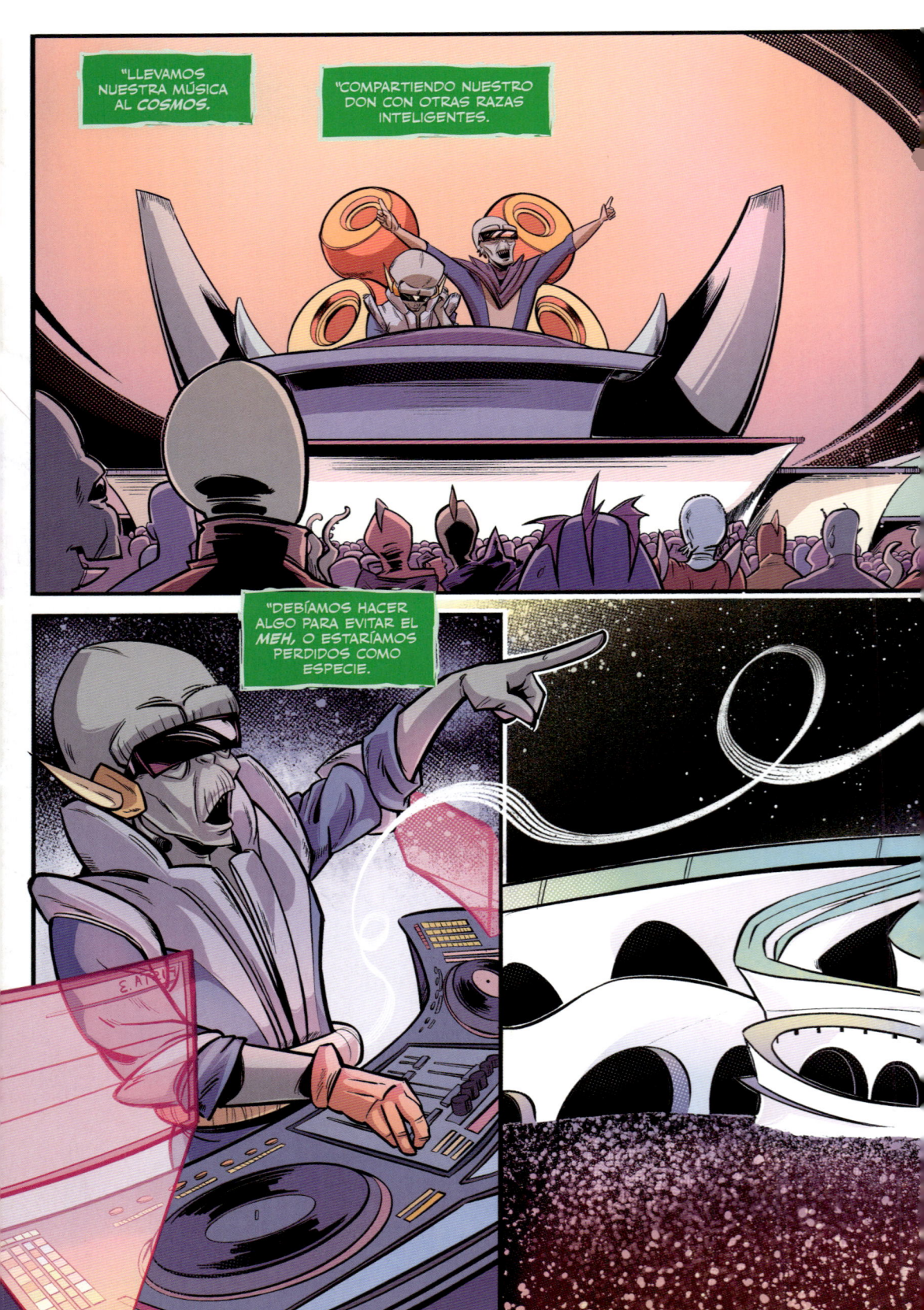

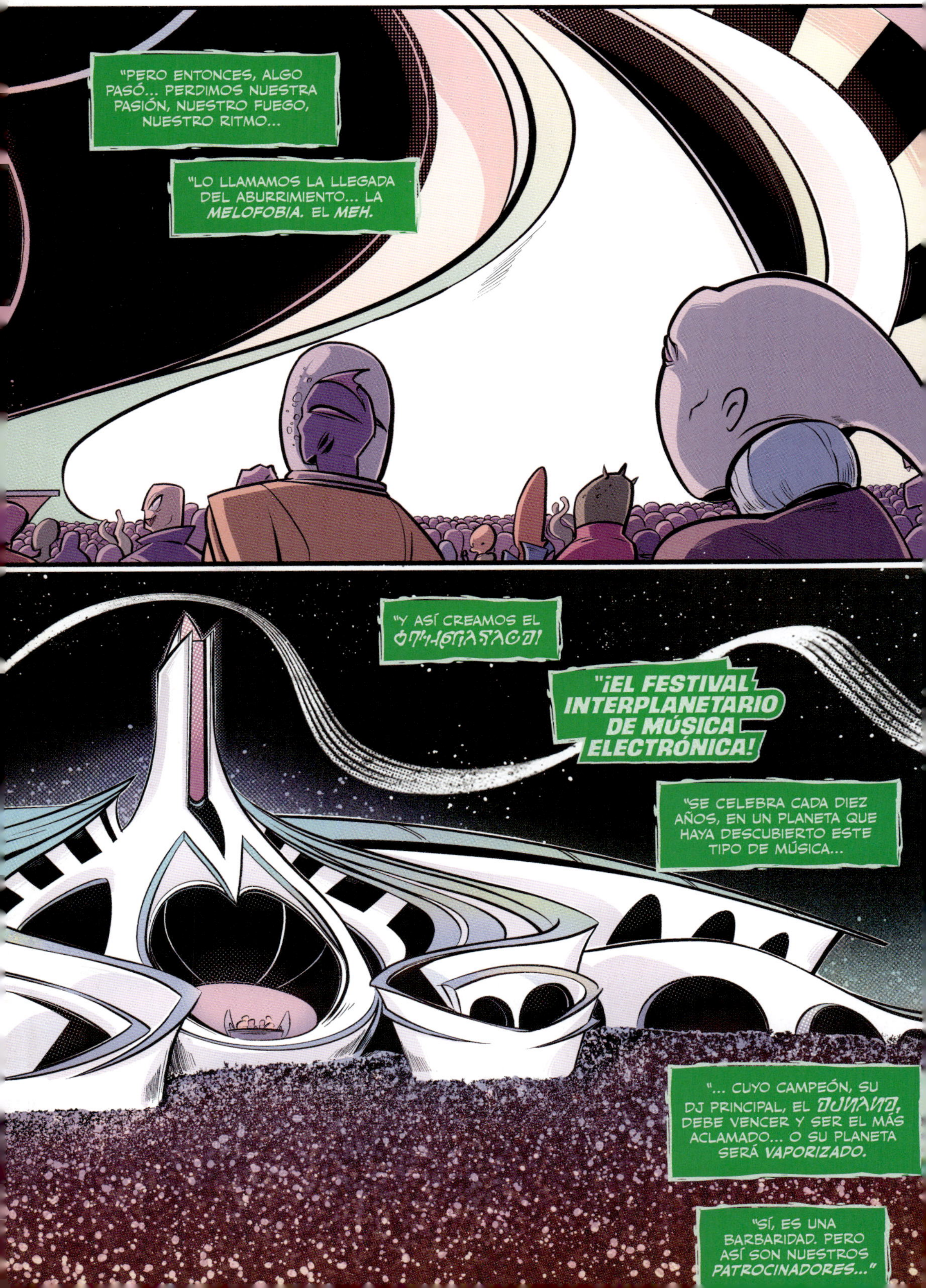

"PERO ENTONCES, ALGO PASÓ... PERDIMOS NUESTRA PASIÓN, NUESTRO FUEGO, NUESTRO RITMO...

"LO LLAMAMOS LA LLEGADA DEL ABURRIMIENTO... LA *MELOFOBIA*. EL *MEH*."

"Y ASÍ CREAMOS EL *OTHERSPACE!*

"¡EL FESTIVAL INTERPLANETARIO DE MÚSICA ELECTRÓNICA!"

"SE CELEBRA CADA DIEZ AÑOS, EN UN PLANETA QUE HAYA DESCUBIERTO ESTE TIPO DE MÚSICA...

"... CUYO CAMPEÓN, SU DJ PRINCIPAL, EL *DJNAUTA*, DEBE VENCER Y SER EL MÁS ACLAMADO... O SU PLANETA SERÁ *VAPORIZADO*.

"SÍ, ES UNA BARBARIDAD. PERO ASÍ SON NUESTROS *PATROCINADORES*..."

ESTÁ BIEN.

PERO HAY TRES FORMAS DE HACER LAS COSAS.

POR LAS BUENAS, POR LAS MALAS... Y AL ESTILO *DJ NANO*.

QUIERO A MI EQUIPO DENTRO.

"*CHIQUI*, MI MÁNAGER. ÉL LLEVARÁ TODOS LOS PAPELEOS Y TÉRMINOS DEL CONTRATO."

¡ESTAS COSAS NO SALEN *GRATIS*, ALIENS!

"*SELVA*, MI TOUR MANAGER. HA DEMOSTRADO SER CAPAZ DE ORGANIZARSE EN CUALQUIER CAOS."

"Y HABRÁ QUE DEJAR CONSTANCIA GRÁFICA DE TODO LO QUE OCURRA. Y PARA ESO ESTÁ *COTI*... ¡QUÉ LE VAMOS A HACER!"

HEY, NENES.

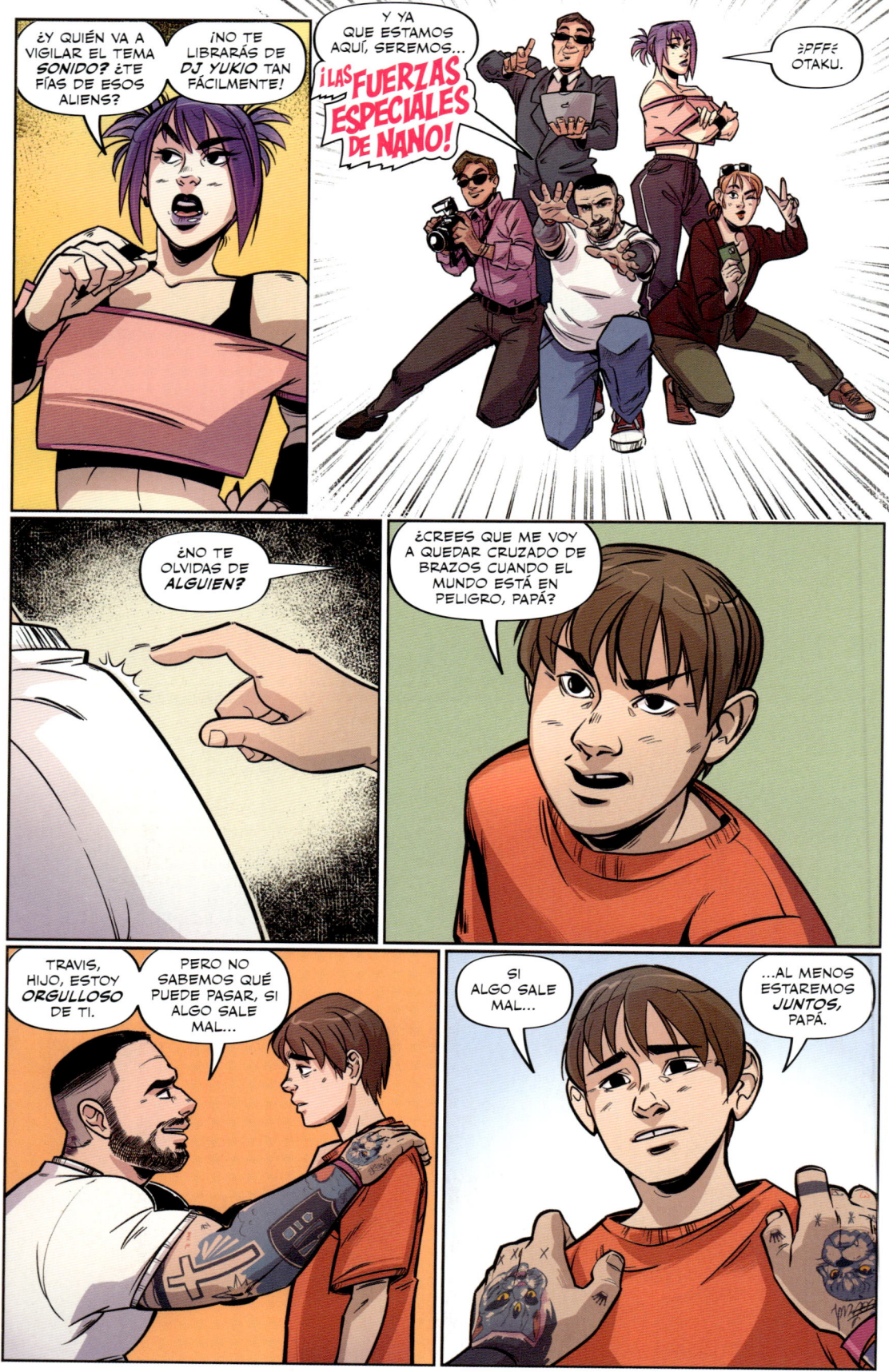

... VISITANTES DE TODA LA GALAXIA, PARA ASISTIR AL EVENTO.

"ES TEMPORAL", NOS DICEN. "NOS IREMOS CUANDO TERMINE EL FESTIVAL".

PERO EL IMPACTO TECNOLÓGICO y ECONÓMICO HA SIDO DE LO MÁS POSITIVO.

DIPSY: "Son más pacíficos que nosotros, lo

... HAN RESULTADO SER MUY AMABLES y RESPETUOSOS CON LAS COSTUMBRES LOCALES...

... CONSTRUIDO EN UN TIEMPO RÉCORD, CON MATERIALES RECICLABLES AL 100%, EL AUDITORIO INTERPLANETARIO ES UNA OBRA...

EL FESTIVAL ESTÁ A PUNTO DE CELEBRARSE. GRACIAS POR VUESTRA INCREÍBLE ACOGIDA...

POR CIERTO, ¿OS HEMOS DICHO QUE SI PERDÉIS HAREMOS ɔɐⱯɒƧⱯ A LA TIERRA?

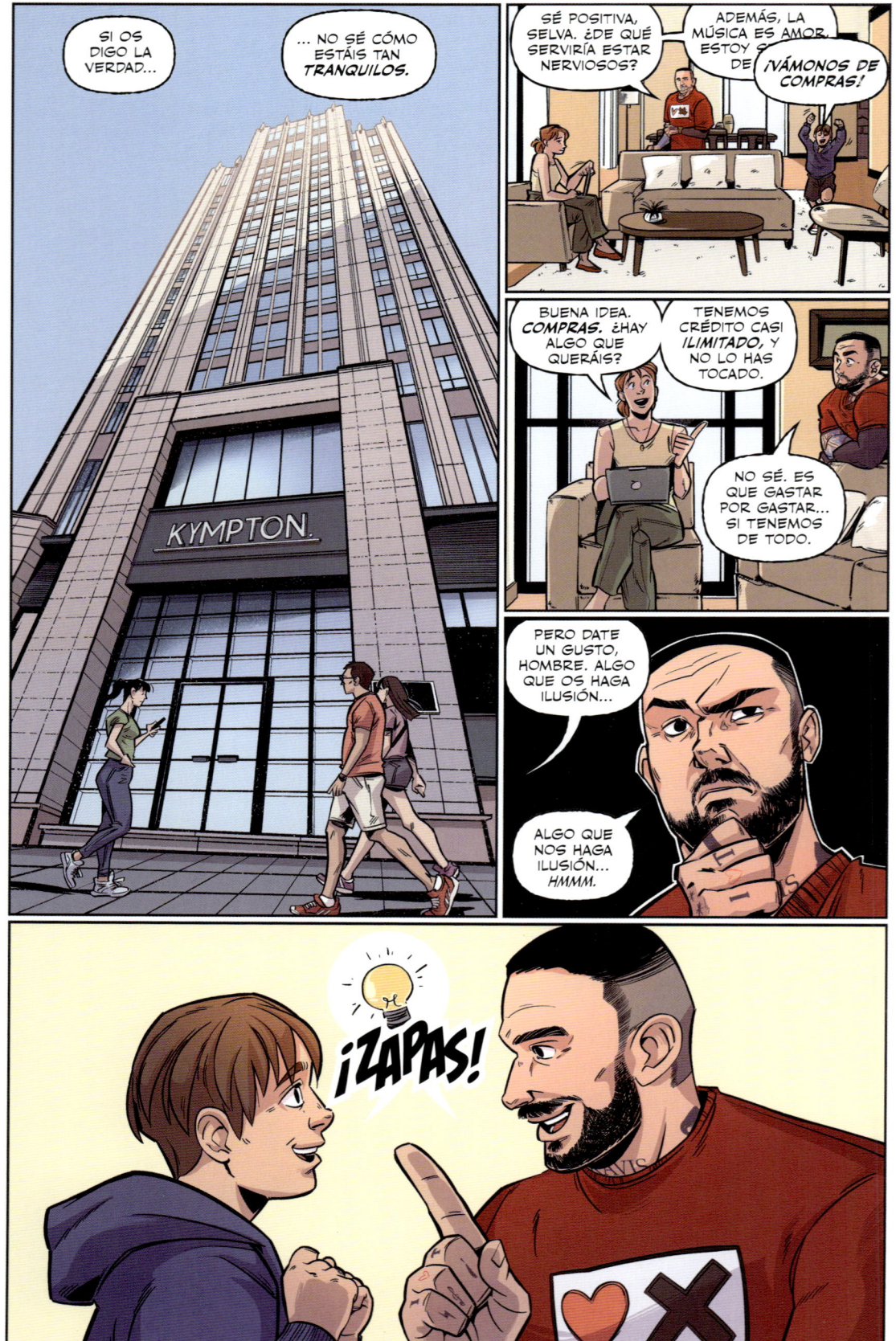

ESTE COCHE ES DE UNA PELI, ¿VERDAD?

Y DE UN MANGA QUE SE LLAMA *"METEORO"*, VIEJÍSIMO, PERO QUE SIGUE SIENDO LA CAÑA.

¡HAY QUE APRENDER DE LO BUENO!

PERO ESTE COCHE NO SE PONE EN MARCHA HASTA QUE NO TE PONGAS EL CINTURÓN.

PERDONA, PAPÁ.

CLICK

¡YUUUUJUUUU!

BIG MEAT

¡TENGO QUE ACORDARME DE QUE EN JAPÓN SE CONDUCE EN EL SENTIDO INVERSO!

¡ESTO SÍ QUE ES IR A COMPRAR ZAPAS CON ESTILO!

‹HANA WA SAKURAGI...›

‹...HITO WA BUSHI!›

WRR-CLACK

ESTAS ZAPATILLAS...

...HECHAS POR MAESTROS DEL CALZADO, SOLO UN PAR CADA AÑO...

... CUYO NOMBRE ES EL DE LA *ESPADA* DE LOS EMPERADORES, Y SU VENTA SOLO ES PERMITIDA A UNOS POCOS...

... PARA NOSOTROS ES UN HONOR *OFRECÉRSELAS*, NANO-SAMA.

PUES SÍ QUE SE LO TOMAN EN SERIO...

... PERO NO SERÁ PARA TANTO, ¿VERDAD?

RETIRO LO DICHO.

¡ES PARA MÁS!

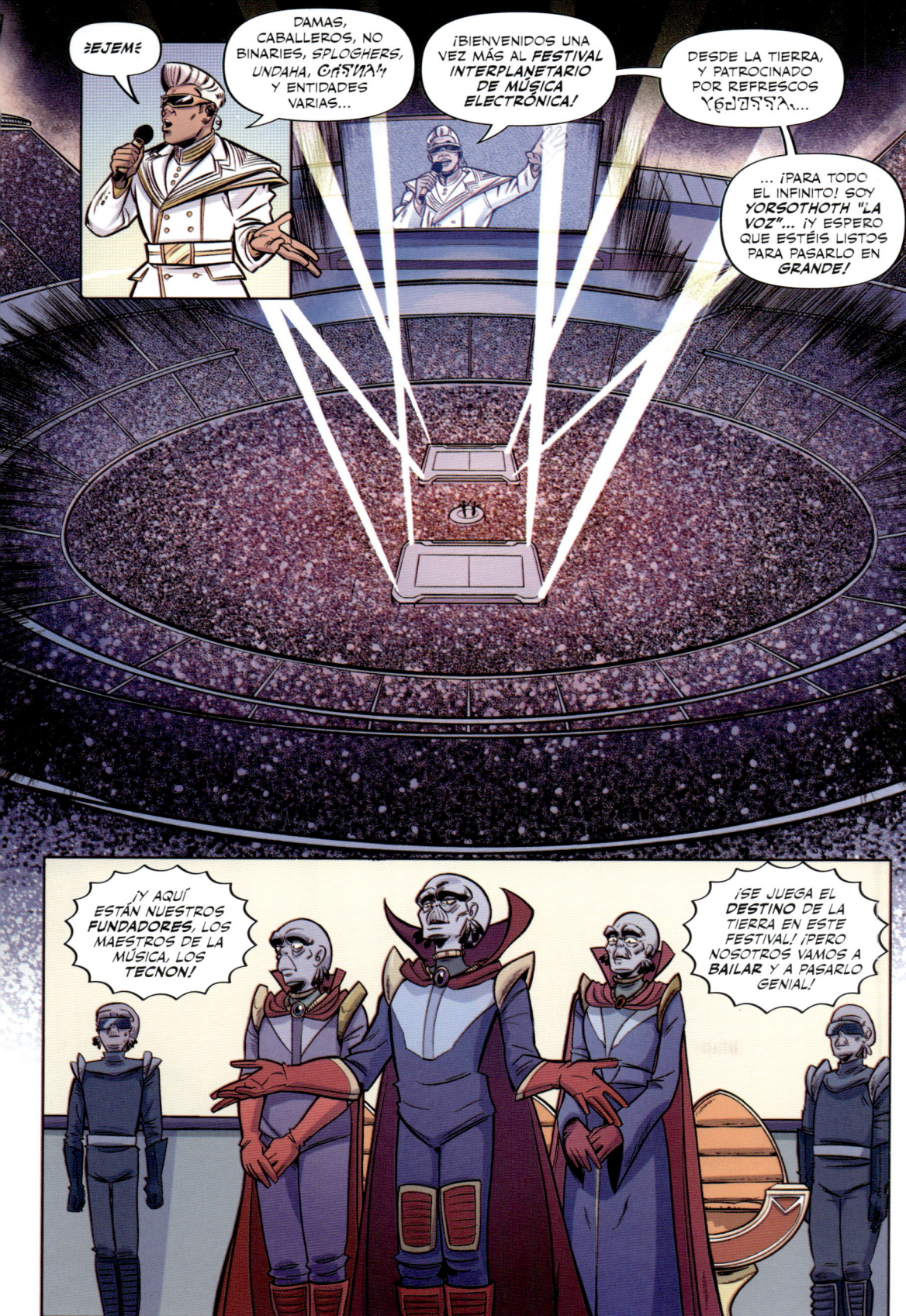

¿ESTÁS BIEN, CHIQUI? TE VEO ALGO PÁLIDO...

SOLO ESTOY VIENDO LA QUE HAY FORMADA AHÍ FUERA...

¿TE SIENTES PREPARADO PARA ESTO?

NACÍ PREPARADO, CHIQUI.

COMO DICEN AQUÍ... "¡GANBARE!"

NAAAANOOO...

NO PENSARÁS SALIR CON *ESAS PINTAS* PARA SALVAR LA TIERRA ANTE MEDIO MILLÓN DE ENTIDADES GALÁCTICAS.

JO, SELVA. ES MI CAMISETA DE LA SUERTE...

NECESITAS ALGO QUE COMBINE CON ESAS ZAPAS.

ESPECIALMENTE HECHO PARA TI. DE RESPLANDECIENTE COLOR *ORO VIEJO*.

ME GUSTA.

¡QUE COMIENCE EL SHOW!

¡POR LA TIERRA! ¡POR EL AMOR!

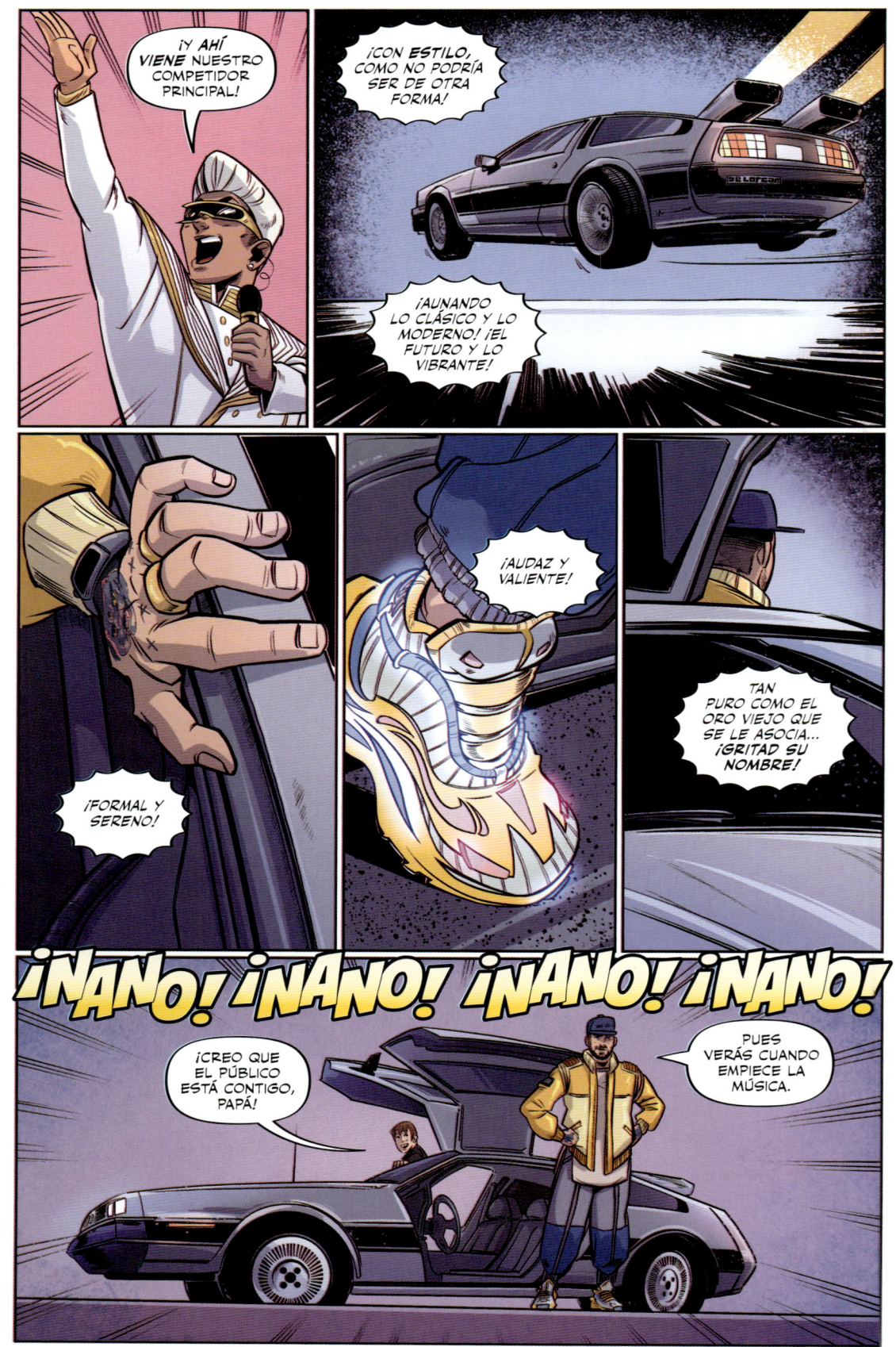

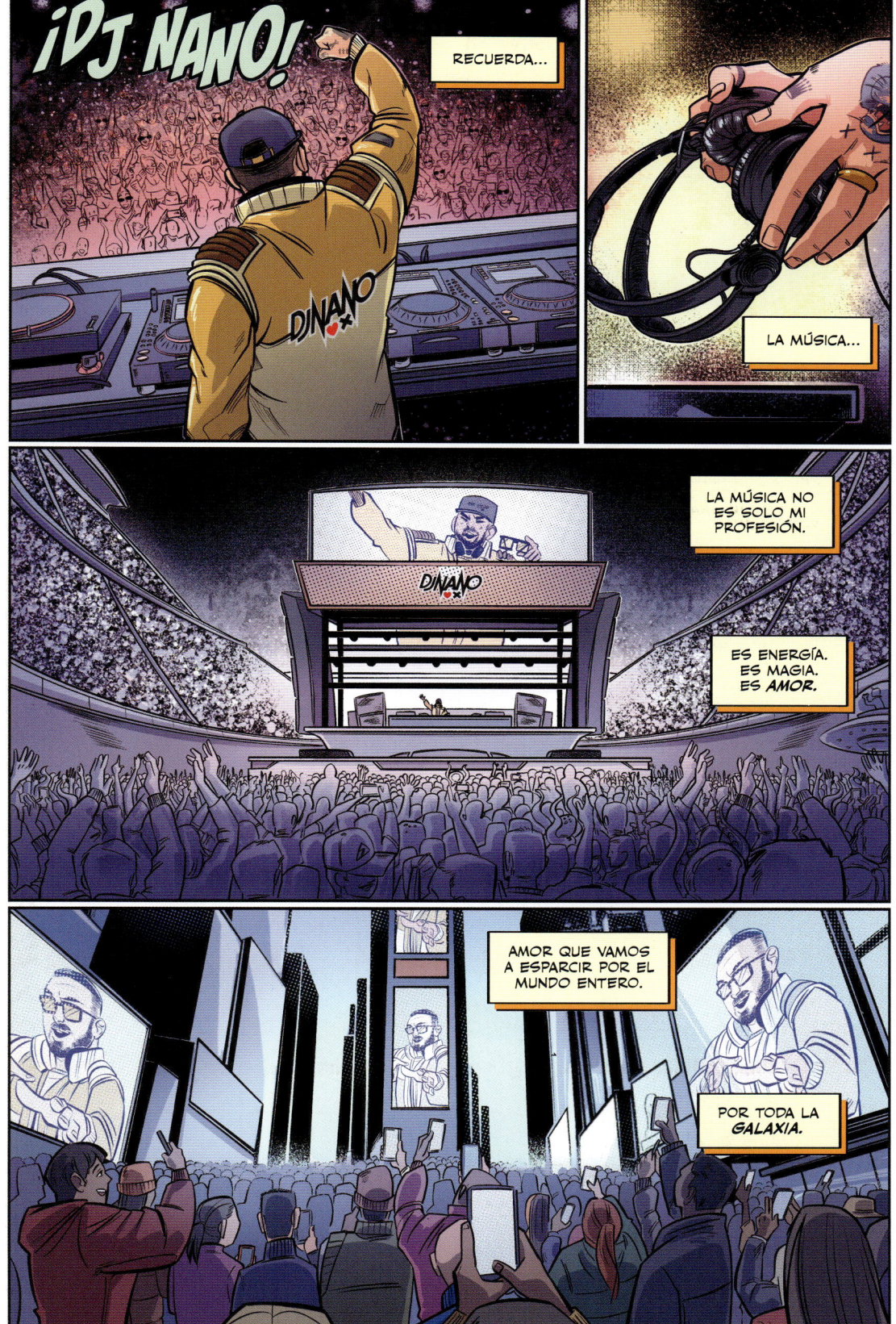

AMOR QUE ATRAVIESA FRONTERAS.
LION
AMOR QUE NOS *CONECTA* A TODOS BAJO UN SOLO RITMO.
ESTE NO ES SOLO MI *SET*. ES NUESTRA BATALLA.
TODOS ESCUCHAMOS. TODOS *SENTIMOS*.
Pionner DJ

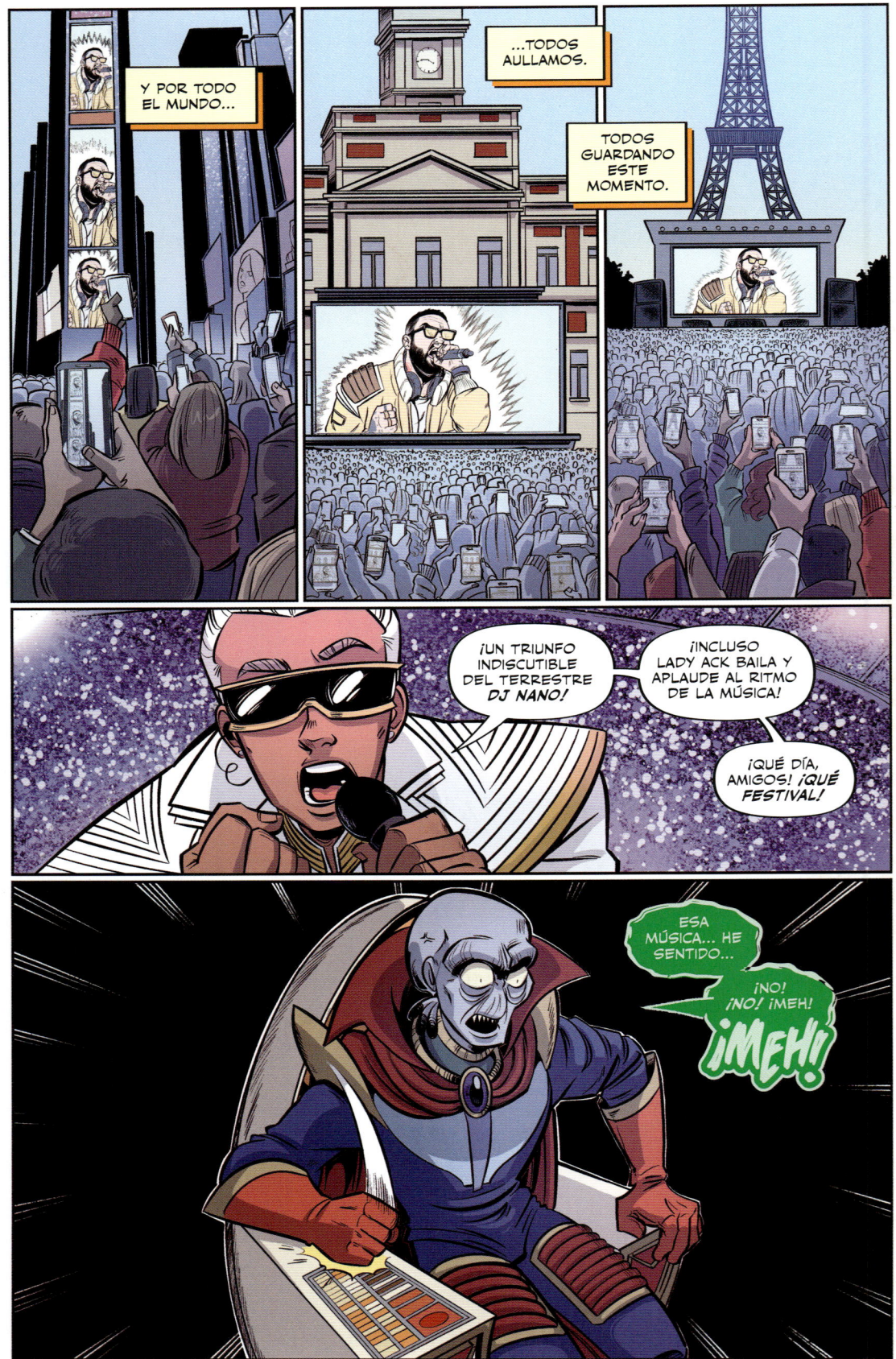

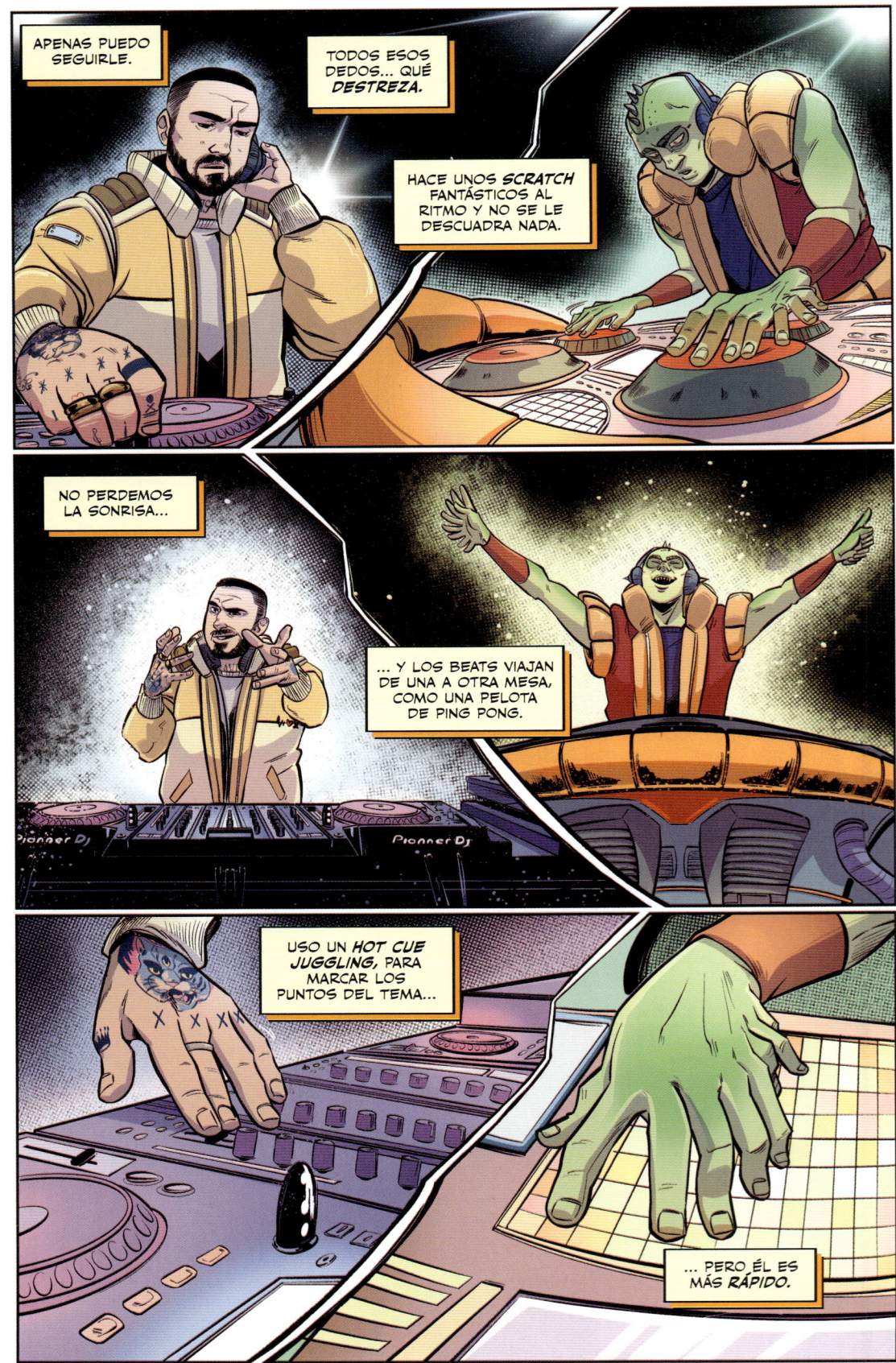

¿RECORDÁIS QUE HABLABA DE LA MÚSICA COMO *ENERGÍA?*
CASI PUEDO VERLA AHORA.
DJNANO
COMO SI, DE REPENTE, EN UNA VISIÓN *SINESTÉSICA...*
... PUDIERA VER LOS *BEATS* CHOCANDO UNOS CONTRA OTROS.
CHOQUES DE ENERGÍA PURA, TRATANDO DE MINAR A LA OTRA...
DJNANO
... Y NO PINTA BIEN PARA LA MÍA.
PANT PANT
¡ESTÁS FRITO, ABUELO!
SKRAAKKZZ

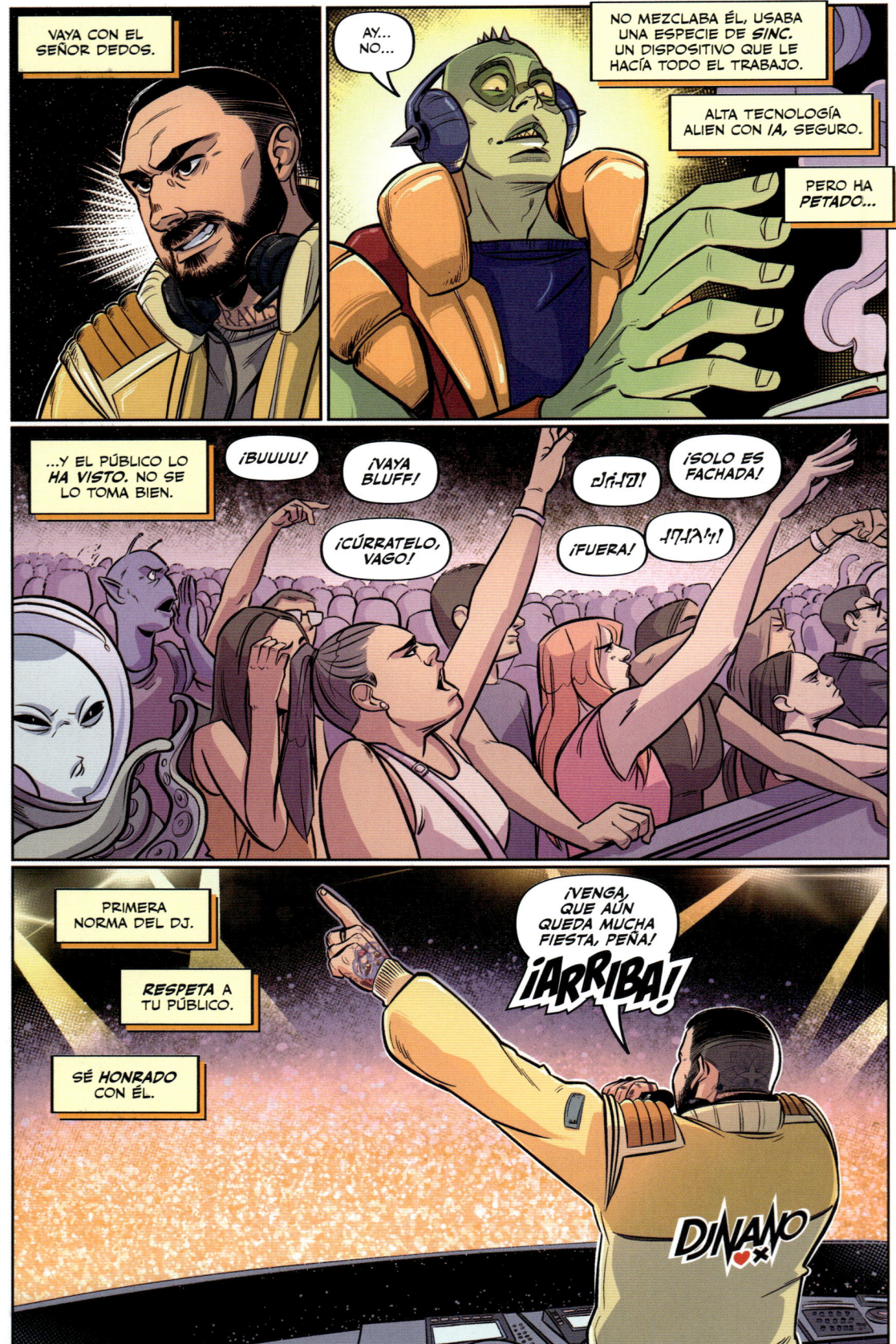

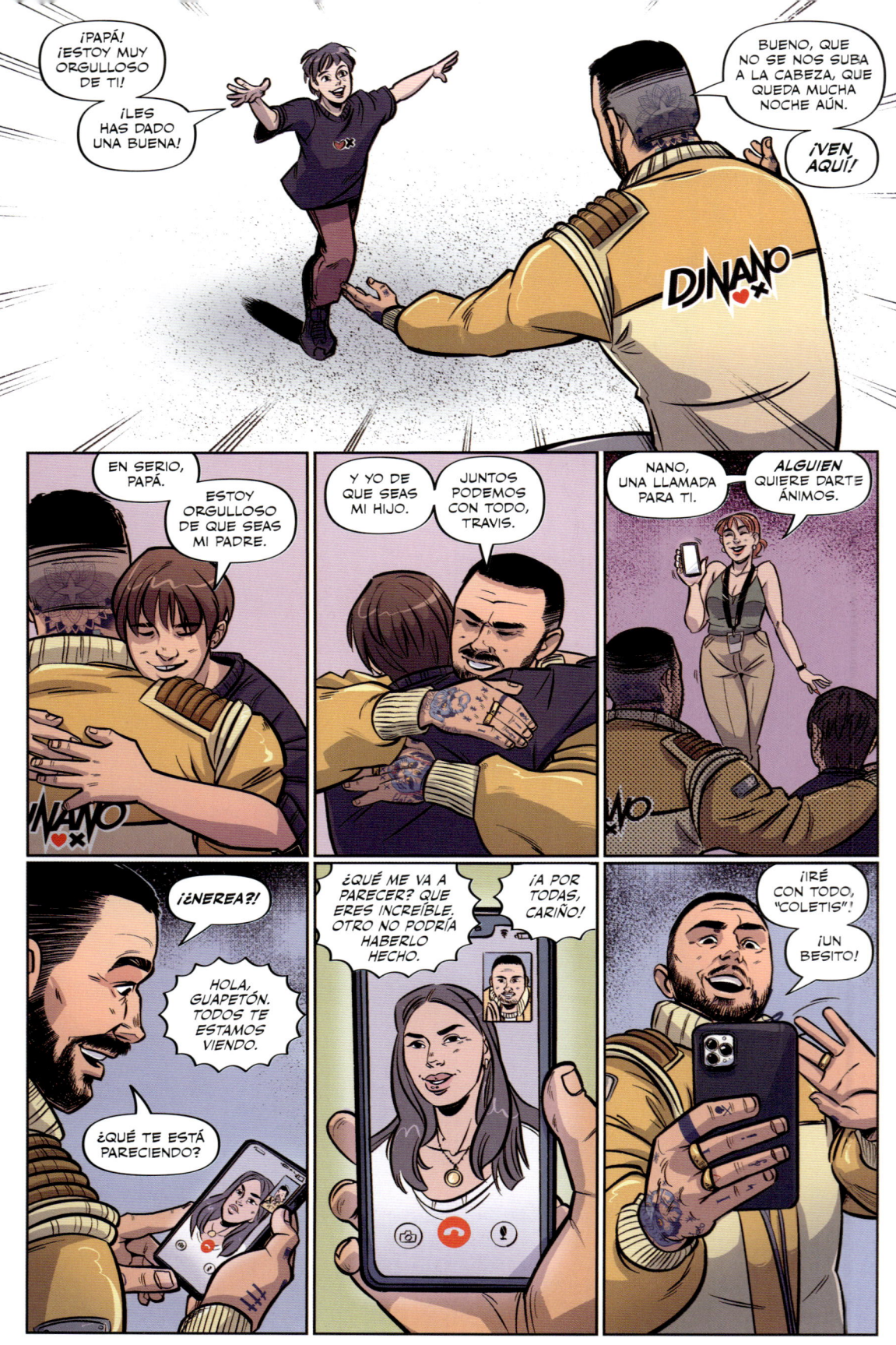

EL PÚBLICO SE AGOLPA EN LA PISTA, EXPECTANTE... ¡CON GANAS DE *BAILAR*!

¡¿QUÉ NOS DEPARA LA PRÓXIMA *DJ BATTLE*?!

¿*MODIFICACIONES* EN LA MESA, DICES?

¿QUÉ CLASE DE MODIFICACIONES, TOMICO?

LO VAS A *FLIPAR* CUANDO LO VEAS, NANO.

VENGA, CABALLEROS. UNA FOTO PARA LA POSTERIDAD.

¡METED BARRIGA, SI PODÉIS!

MIRA QUE ERES PERRACO, COTI.

VAMOS ALLÁ DE NUEVO.

SHOWTIME.

PREPARAOS...

... PARA ENTRAR EN UNA DIMENSIÓN DONDE EL RITMO SE CONVIERTE EN RITUAL...

... SU NOMBRE ES MÁS QUE UN ECO, ES UN SUSURRO DE LO MÍSTICO...

... ES LA SACERDOTISA DEL BEAT...

... LA HECHICERA DEL RITMO...

... ¡CON VOSOTROS DU UMAH!

USANDO SUS DEDOS PARA INVOCAR ENERGÍA...

... ¡EN UNA DJ BATTLE DE LO MÁS CLÁSICA!

OS HE CONTADO QUE ME GUSTAN LOS VIDEOJUEGOS VINTAGE, ¿VERDAD?

PORQUE PARA MÍ, ESTE ENCUENTRO FUE ALGO COMO ESTO...

UMA VS DJ NANO

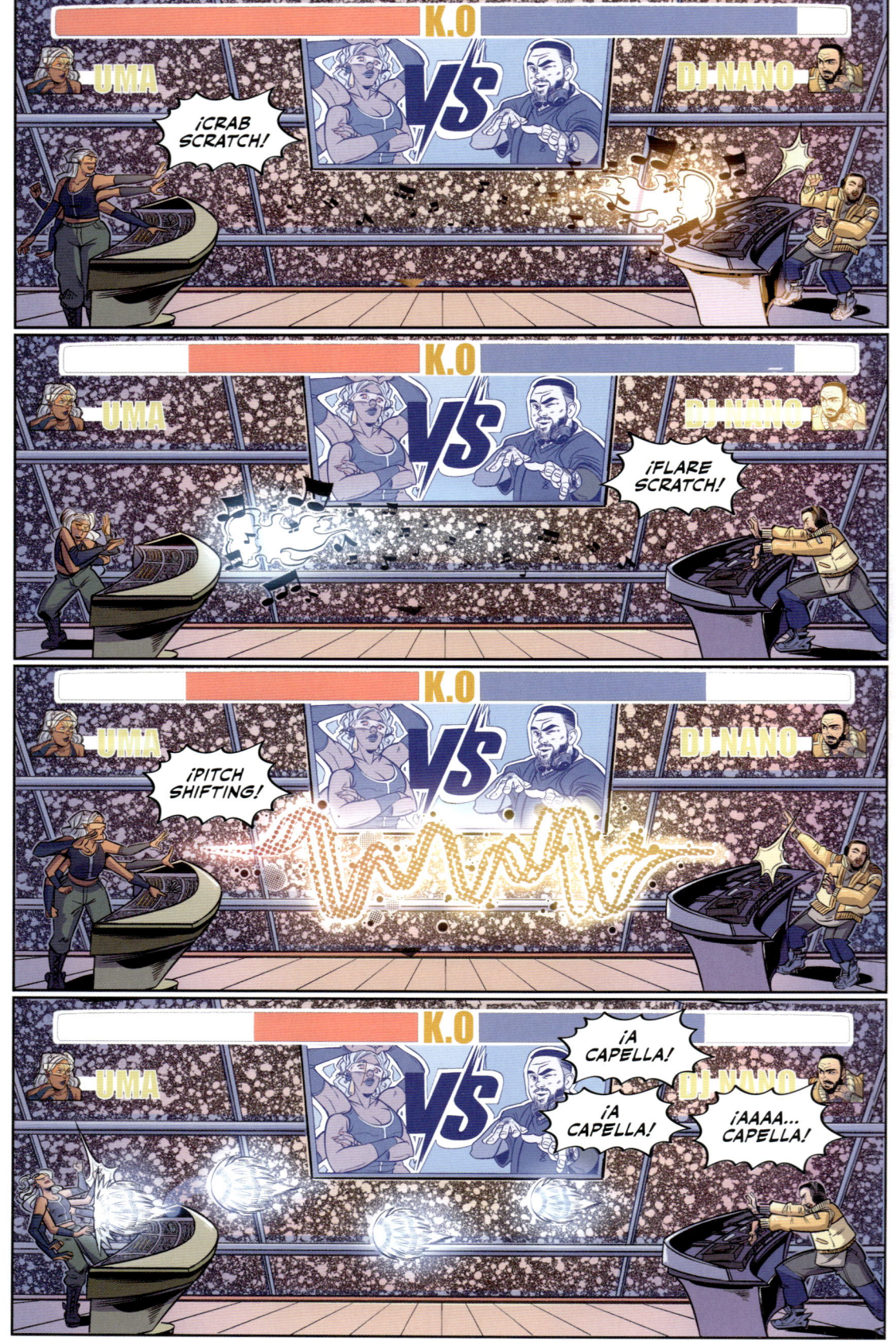

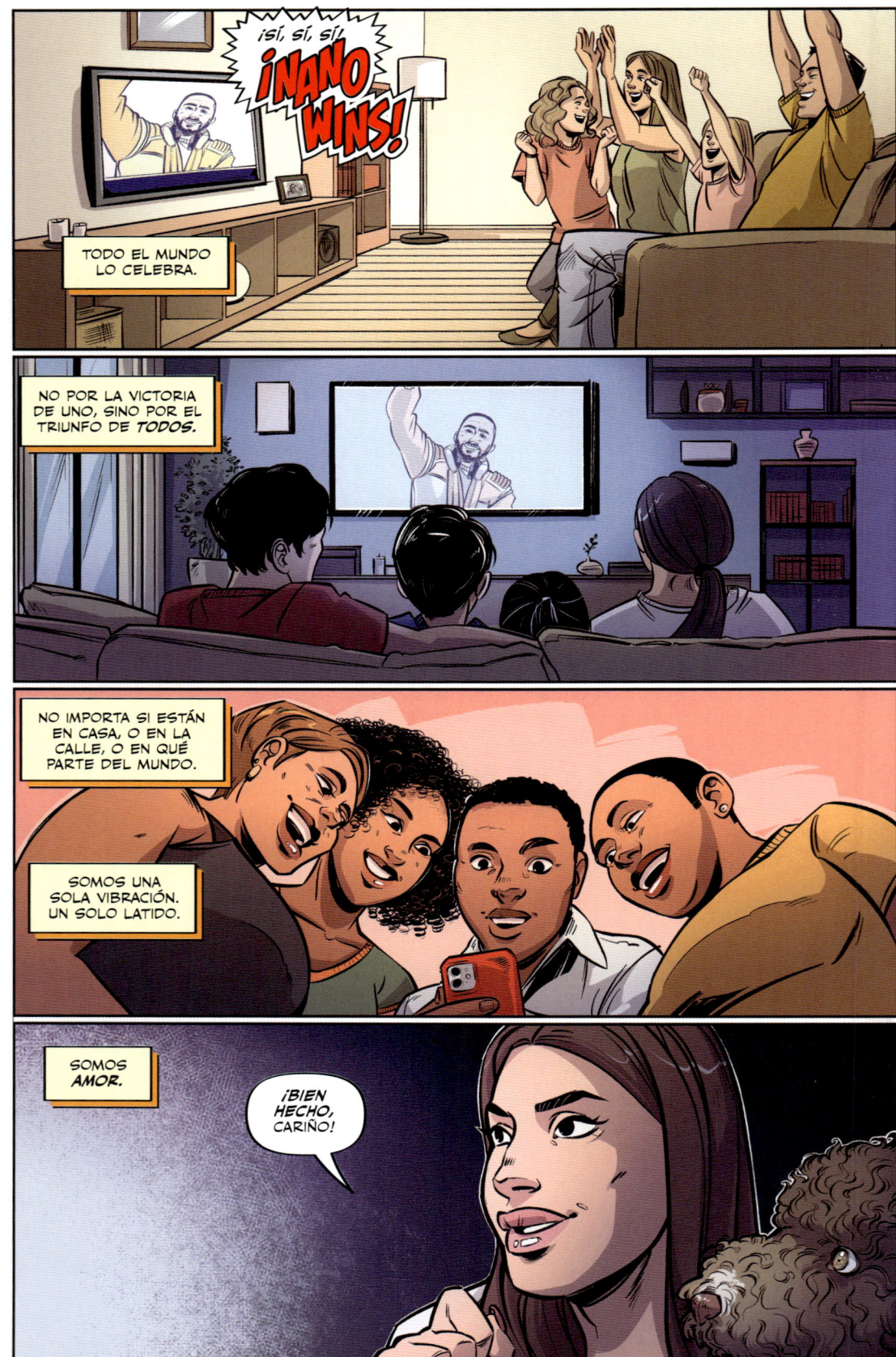

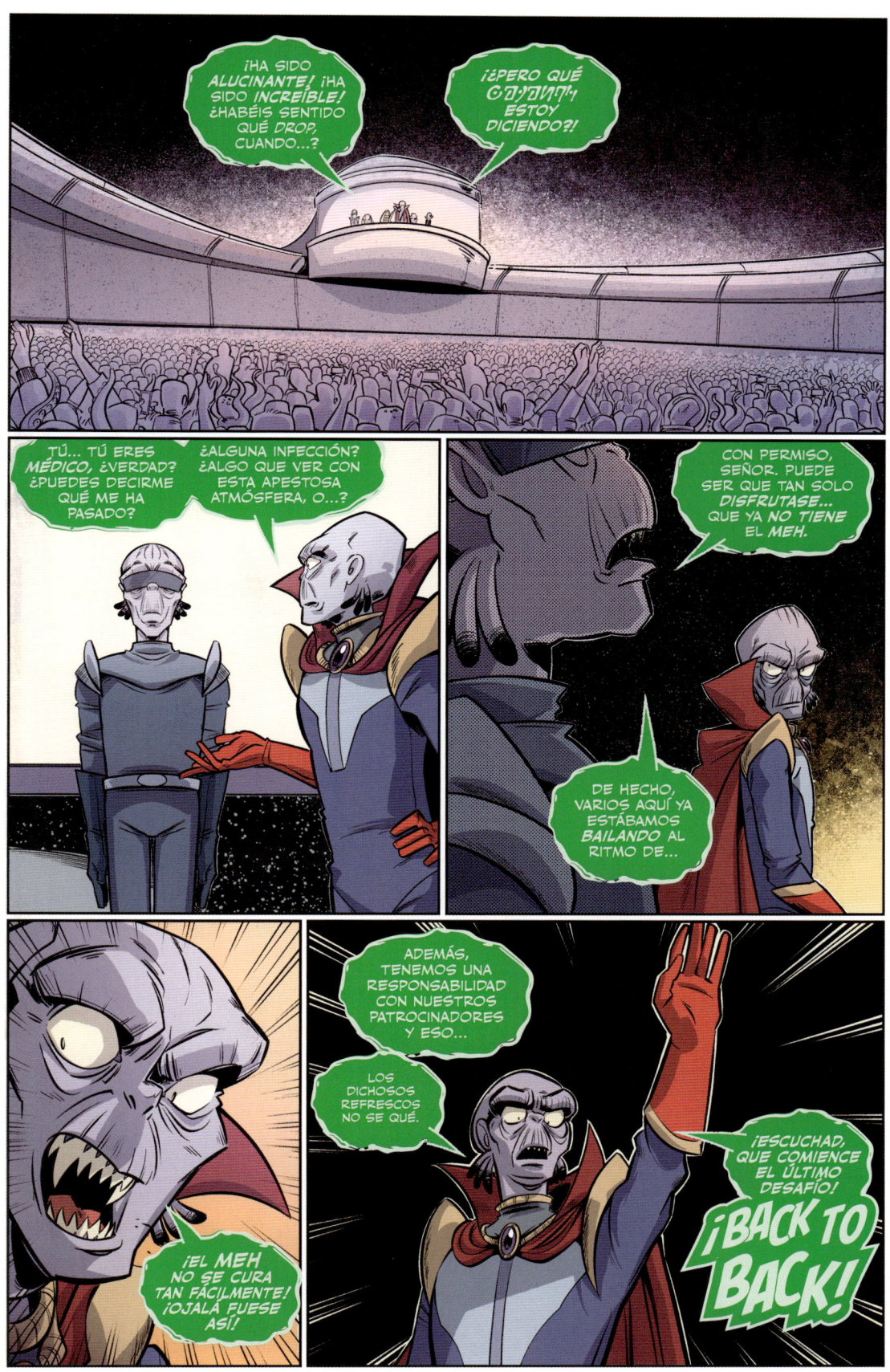

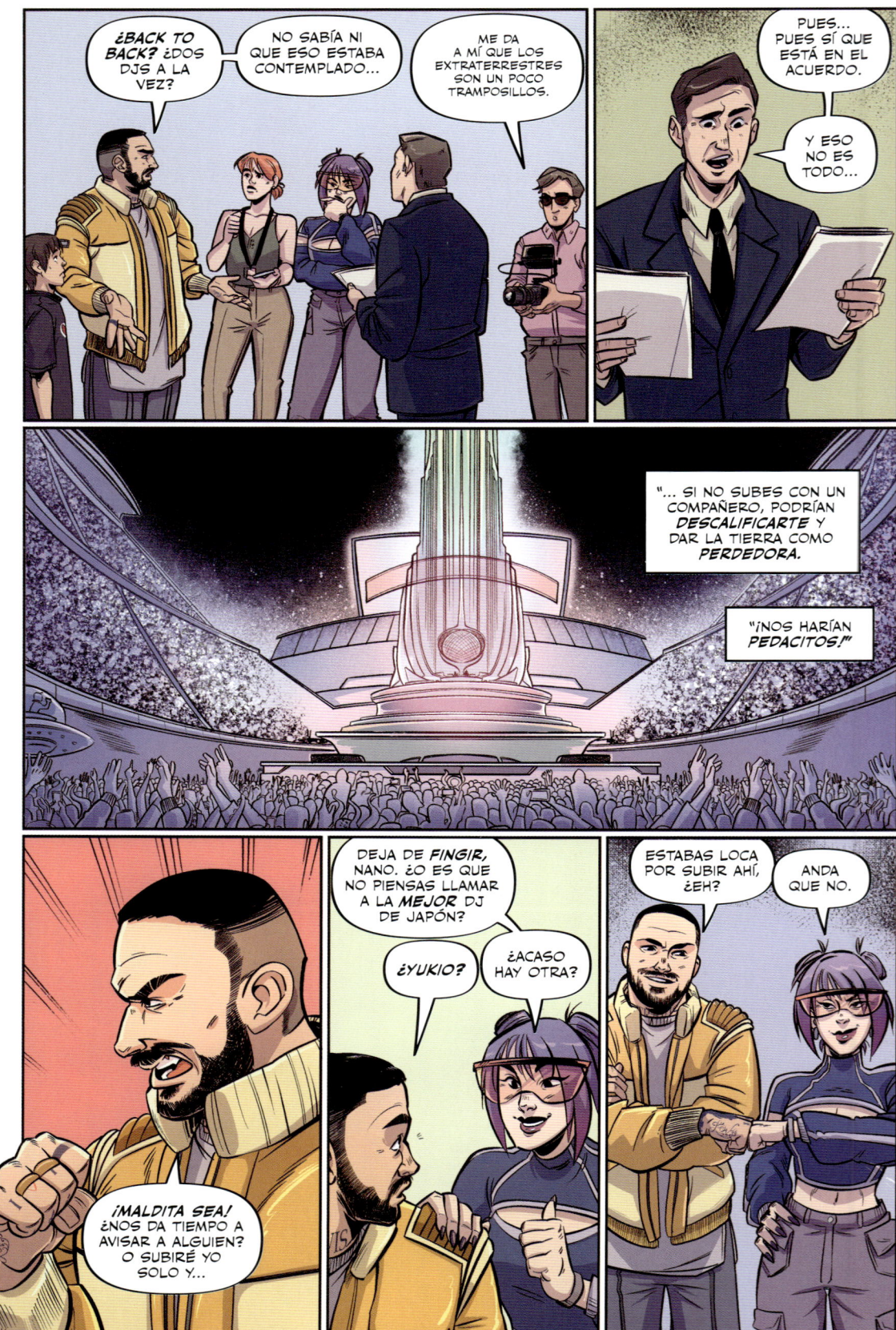

DEBO HABLAR CONTIGO.

¡ESPERO QUE NO SEA OTRO TRUQUITO! HEMOS GANADO ESTE CONCURSO VUESTRO...

SÍ. Y ADEMÁS, DE HECHO, QUIERO DARTE LAS *GRACIAS*.

EEH... ¿DE NADA?

ESTÁBAMOS *ENFERMOS*, HABÍAMOS PERDIDO LA PASIÓN POR LA MÚSICA... NUESTRO SER. NOS HUNDÍAMOS EN LA DESIDIA Y RABIA DEL *MEH*.

PERO TÚ... CON ESE FINAL... NOS HAS RECORDADO LO QUE ES EL *AMOR*.

NUNCA PODREMOS AGRADECÉRTELO LO SUFICIENTE.

ENTONCES... ¿LA TIERRA ESTÁ A SALVO?

LO DIGO POR LO DE TUS PATROCINADORES *QUERIENDO* HACER "BUM"...

QUE LES *DEN* A LOS PATROCINADORES. ¡A NADIE LE GUSTAN SUS REFRESCOS!

ESTO ES ALGO MÁS IMPORTANTE. ALGO QUE DEBEMOS LLEVAR A TODA LA GALAXIA.

ESTA MÚSICA. ESTE AMOR.

¿UNA *GIRA GALÁCTICA*? A CHIQUI Y SELVA LES VA A DAR UN *PASMO*.

PERO ANTES, SEÑOR JEFE EXTRATERRESTRE. UNA COSA...

... ¡DE AQUÍ NO SE VA NADIE SIN PONERSE DETRÁS DE LA *MESA*!

NADA ME AGRADARÍA MÁS, CAMPEÓN ⚐⟟⟟⟟⚐!

Dibujando a

DJNANO ♥ ✗

por Bea Gutiérrez

¡Ay, madre mía! A veces me preguntan: "¿Tan difícil es dibujar un cómic sobre una persona real?" Y la respuesta es... ¡pues claro que sí! A ver, el personaje nunca será una foto perfecta, ¡pero tampoco se trata de eso! El truco está en capturar la esencia de la persona, no tanto en que parezca su gemelo perdido.

La clave está en los gestos, las posturas, esas pequeñas expresiones que definen quiénes somos. Porque, seamos honestos, las fotos solo capturan un instante, pero en el cómic podemos contar una historia completa a través de cómo se mueve un personaje.

Y con Nano, la verdad... ¡ha sido tan, tan fácil! ¡Ha estado siempre ahí, apoyando cada decisión que he tomado!

Hacer algo bidimensional, como un dibujo, de una persona, con sus tres dimensiones, suena un poco loco, ¿verdad? Pues ahí está la gracia: en ese reto, en cómo lo vuelves algo divertido. ¡Es como magia!

Transformar a alguien en líneas, colores y expresiones exageradas que, sin embargo, ¡siguen siendo ellos! Así que sí, es complicado, pero ese es justo el quid de la cuestión. Es parte de la diversión. Y al final del día, si consigues que el personaje en el papel se sienta vivo... ¡has ganado la partida!

¡Entre lo más divertido de dibujar este cómic ha sido diseñar a estos DJs galácticos! No todos los días te piden que crees una alienígena DJ curvy y guapa... pero con seis brazos.

Y ni me hagas empezar con ese pulpo alienígena de nombre impronunciable... ¡porque es que no puedo decir su nombre sin que me dé un ataque de tos!

Pero qué divertido ha sido darle vida. ¿Cuántos tentáculos necesita un DJ alienígena? ¡Todos los que quiera! ¿Cómo mezclan la música esos seres galácticos? Pues con movimientos de tentáculo más elegantes que los de un bailarín profesional, ¡eso está claro!

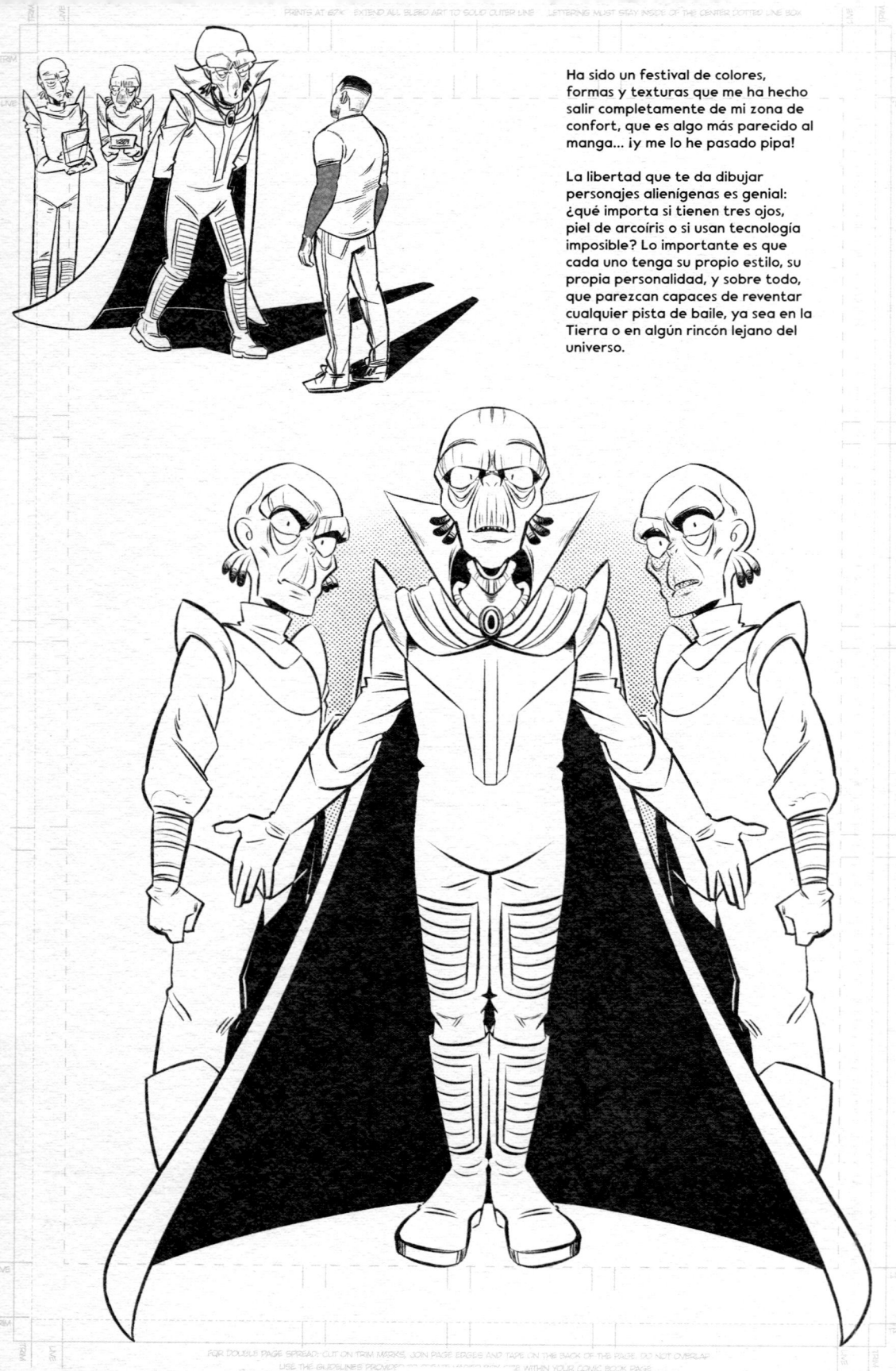

Ha sido un festival de colores, formas y texturas que me ha hecho salir completamente de mi zona de confort, que es algo más parecido al manga... ¡y me lo he pasado pipa!

La libertad que te da dibujar personajes alienígenas es genial: ¿qué importa si tienen tres ojos, piel de arcoíris o si usan tecnología imposible? Lo importante es que cada uno tenga su propio estilo, su propia personalidad, y sobre todo, que parezcan capaces de reventar cualquier pista de baile, ya sea en la Tierra o en algún rincón lejano del universo.

El proceso de crear cada página comienza con desglosar la acción descrita en el guion y transformarla en viñetas. Aquí es donde todo cobra vida: hay que asegurarse de que la acción fluya entre viñeta y viñeta, manteniendo la coherencia y la emoción que ha imaginado Rafa, el guionista.

Después, pasamos al entintado, que aunque hoy en día sea digital, sigue los mismos principios que cuando se hacía con pincel y tinta. Es un trabajo de precisión y cuidado, donde cada línea debe contar. Y, como siempre en el cómic, tal y como dice El Torres: *"menos es más"*.

Y finalmente, llega el color, también digital, pero igual de esencial para dar vida, profundidad y atmósfera a la historia. Una vez que todo está listo, le pasamos el testigo al rotulista, que se encarga de colocar los diálogos. ¡Solo espero dejar siempre suficiente espacio para que pueda caber todo lo que tienen que decir nuestros personajes!

Quiero daros las gracias de todo corazón, a vosotros, los lectores, por acompañarnos en esta aventura galáctica de beats y marcianos. Ha sido un viaje increíble, y no sabéis lo que significa para mí saber que podéis disfrutar tanto como yo, creando estos personajes locos y llenos de vida. ¡Cada página ha sido un desafío contrarreloj, pero también una alegría!

También quiero dar un agradecimiento especial a DJ Nano, por su apoyo y energía que me han inspirado. Espero, de verdad, que el ritmo nunca pare, ni en el papel, ni en la pista de baile. ¡Nos vemos en la próxima aventura, y que los beats sigan fluyendo!

—Bea ♥